CATALOGUE

DES TABLEAUX

DU CABINET DE FEU S. A. S.

MONSEIGNEUR

LE PRINCE DE CARIGNAN,

PREMIER PRINCE DU SANG DE SARDAIGNE.

Ledit Catalogue se distribue gratis.

A PARIS,

Chez DE POILLY, Graveur & Marchand d'Estampes de feu S. A. S. Monseigneur le PRINCE DE CARIGNAN, rue saint Jacques, à Saint Benoît. 1742.

CATALOGUE
DES TABLEAUX
DU CABINET DE FEU S. A. S.

MONSEIGNEUR

LE PRINCE DE CARIGNAN,

PREMIER PRINCE DU SANG DE SARDAIGNE.

Des meilleurs Maîtres d'Italie, de Flandre, de Hollande, & autres.

La vente desdits Tableaux commencera à l'Hôtel de Soissons le Lundy 30 Juillet 1742. & jours suivans.

N Paysage réprésentant une Chasse, peint sur toile de sept pieds trois pouces de large, sur cinq pieds de haut, *de Savary, les figures de Stalbens.*

Un Tableau peint sur toile, réprésentant Samson & Dalila, *du Valentin*, de sept pieds sept pouces de large, sur cinq pieds neuf pouces de haut.

Un Tableau de cinq pieds de haut sur trois pieds quatre

pouces de large, fur toile, réprésentant un Forgeron, *du Titien.*

Un Tableau fur toile, de quatre pieds fix pouces de haut fur trois pieds neuf pouces de large, & ceintré par en haut, réprésentant le portrait de Thomas Parr, *de Vandik.*

Un Tableau fur toile, réprésentant une Venus avec fon Amour, *de Paulveroneze*, de même grandeur.

Un Tableau fur toile, réprésentant un portrait d'homme qui tient un livre & une plume, *du Titien*, de même grandeur.

Un Tableau fur toile, réprésentant le Chevalier Baillard qui tire l'épée du Georgeon, de même grandeur.

Un Tableau fur toile, réprésentant un Empereur Romain, *du Fety*, de même grandeur.

Un Tableau fur toile, réprésentant un Architecte qui tient à la main une Equiere & un Compas, *d'Antonio Maur*, de même grandeur & hauteur que les fix premiers.

Un Tableau fur toile de quatre pieds neuf pouces de haut fur trois pieds dix-neuf pouces de large, réprésentant un homme qui joue du luth, *de Vandik.*

Un Tableau fur toile de quatre pieds neuf pouces de large, fur trois pieds neuf pouces de haut, réprésentant un Fleuve, *de Rubens.*

Un Tableau fur bois de fept pieds un pouce de large, fur cinq pieds de haut, réprésentant un Chrift en Croix, avec differentes figures, *de Francflore.*

Deux Tableaux fur bois de même grandeur, de trois pieds un pouce de haut, fur deux pieds un pouce de large, l'un réprefentant la Pentecôte , & l'autre Notre Seigneur parmi les Docteurs , *de George Lallemant.*

Un Tableau de toile de cinq pieds & un pouce de large, fur trois pieds fix pouces de haut , réprefentant une Aumône où il y a beaucoup de figures, *par le Gevois.*

Un Tableau fur bois, de cinq pieds de large , fur trois pieds huit pouces de haut , réprefentant un Calvaire avec quantité de figures , *du Vieux Breugel.*

Un Tableau fur toile de quatre pieds fix pouces de haut fur trois pieds fix pouces de large , réprefentant l'incrédulité de faint Thomas , *de Manfrede.*

Un Tableau fur toile de quatre pieds de haut , fur trois pieds de large , réprefentant le martyr de faint Thomas d'Aquin, dont le payfage eft *de Gobe des Caraches.*

Un petit Tableau en ovale fur marbre , réprefentant une Defcente de Croix *de Squedon* , de quinze pouces de large fur neuf pouces de haut.

Deux petits Tableaux fur bois, réprefentans l'un une MATER DOLOROSA, & l'autre un ECCE HOMO, dans le goût *de Cartin Dalchy.*

Un Tableau fur toile de cinq pieds trois pouces de haut, fur trois pieds dix pouces de large , réprefentant une Sainte Famille , *du Baroche.*

Deux Tableaux fur toile , de fept pieds & demi de haut, fur cinq pieds deux pouces de large , l'un réprefentant le Martyr de fainte Catherine , & l'autre un Repos d'Egypte , *de l'Albane.*

Un Tableau fur toile , de cinq pieds de haut , & de trois pieds dix pouces de large , réprefentant une Vierge & fon

Enfant avec une gloire d'Anges qui réprefente la Croix, *de l'Albane.*

Un grand Tableau fur toile de dix pieds de large, fur huit pieds de haut, réprefentant l'enlevement des Sabines, *de Jacques Baffan.*

Un grand Tableau fur toile. de huit pieds dix pouces de large, fur fept pieds & demi de haut, réprefentant Tancrede & Clorinte, *du Gouarchin.*

Un Tableau fur toile, de fept pieds de haut, fur quatre pieds dix pouces de large, réprefentant Diogene dans fa cuve, *du Guide.*

Un Tableau fur toile, de fept pieds de haut, fur cinq de large, réprefentant une Dame Vénitienne avec une petite fille, *du Titien.*

Deux Tableaux fur toile, de trois pieds fix pouces de haut, fur deux pieds neuf pouces de large, l'un réprefentant David avec la tête de Golia, *de Trevifany* ; & l'autre réprefentant le Berger Paris qui tient la pomme, *de Vandeique.*

Un Tableau fur bois en rond, de cinq pieds fix pouces de diametre, réprefentant une femme qui tient trois Couronnes, *de Voüet.*

Un grand Tableau fur toile, de cinq pieds deux pouces de haut, fur fept pieds fix pouces de large, réprefentant Samfon qui défait les Philiftins, *de Carlo Lotty.*

Un grand Tableau fur toile, de quatre pieds deux pouces de haut, fur fix pieds de large, réprefentant Notre Seigneur au milieu des Docteurs, *du Tintoret.*

Un grand Tableau peint fur toile, de quatre pieds dix

pouces de haut , ſur ſix pieds huit pouces de large , rèpreſentant Venus & Enée , *du Pouſſin.*

Trois grands Tableaux ſur toile , de ſept pieds de haut ,
ſur neuf pieds & demi de large , rèpreſentans l'un un jeu
d'Enfans , l'autre Flore , & l'autre une femme endormie ac-
compagnée de pluſieurs Amours , *d'Amicony.*

Un Tableau ſur toile , de cinq pieds ſix pouces de haut ,
ſur quatre pieds de large , rèpreſentant la Mélancolie , *du
Fety.*

Un Tableau ſur toile , de cinq pieds ſix pouces de haut ,
ſur quatre pieds de large , rèpreſentant un ſaint Pierre , *du
Molle.*

Un Tableau ſur toile , de trois pieds deux pouces de haut ,
ſur cinq pieds de large , rèpreſentant un Repos de Diane
avec ſes Compagnes , *de Vvanlo l'aîné.*

Un Tableau ſur toile , de cinq pieds trois pouces de haut ,
ſur ſix pieds & demi de long , rèpreſentant la Vocation de
ſaint Mathieu , *de Crayer.*

Un Tableau ſur toile , de quatre pieds dix pouces de haut ,
ſur cinq pieds dix pouces de large , rèpreſentant le Conſeil
des Juifs , *du Tintoret.*

Deux Tableaux ſur toile , de trois pieds dix pouces de
haut , ſur cinq pieds trois pouces de large chacun ; l'un rèpreſentant des Pêcheurs , dans le goût *de Rubens* , & l'autre rèpreſentant un Marchand de Mitridate , dans le goût
de Jean Miele.

Deux Tableaux ſur toile , de trois pieds cinq pouces de
haut , ſur quatre pieds ſix pouces de large chacun ; l'un rèpreſente ſaint Pierre dans la priſon , *du Dominiquin* , &
l'autre rèpreſente Loth & ſes filles , *de Jordans de Naples.*

Deux Tableaux fur toile , l'un réprefente le Portrait d'une Femme qui tient une Pomme à fa main , *du Titien* , l'autre réprefente le portrait d'un homme qui tient à fa main un Faucon , auffi *du Titien* , de trois pieds fix pouces de haut , fur deux pieds neuf pouces de large chacun.

Deux Tableaux peints fur bois , de deux pieds huit pouces de diamêtre en rond , réprefentant deux Vierges avec l'Enfant Jefus , *l'un par Squedon , & l'autre par Louis Carache.*

Un Tableau fur bois , de cinq pieds huit pouces de haut , fur quatre pieds trois pouces de large , réprefentant une fainte Cecile , *de Rubens.*

Un Tableau fur bois , de quatre pieds dix pouces de haut , fur trois pieds de large réprefentant une Vierge avec fon Enfant qui dort , *de Sebaftien del Piombo.*

Un Tableau fur bois , de quatre pieds dix pouces de haut , fur trois pieds de large , réprefentant une fainte Famille , *du Baroche.*

Un Tableau fur toile , de cinq pieds quatre pouces de haut , fur trois pieds dix pouces de large , réprefentant la mort de Saint Jofeph , *de Louis Carache.*

Un Tableau fur bois , de cinq pieds huit pouces de haut , fur quatre pieds trois pouces de large , réprefentant une fainte Famille avec un petit Saint Jean & deux Anges , *de Timothée d'a Urbino.*

Un Tableau fur bois , de deux pieds dix pouces de haut , fur un pied fix pouces de large , réprefentant une fainte Famille avec des Anges en haut , *de Squedon.*

Un Tableau fur bois , de deux pieds dix pouces de haut , fur un pied fix pouces de large , réprefentant la mort de faint François , *par Annibal Carache.*

Un Tableau ſur bois, de deux pieds dix pouces de haut, ſur un pied ſix pouces de large, répreſentant une ſainte Famille, *d'André del Salte.*

Un Tableau ſur ardoiſe en ovale, de huit pouces de haut, ſur dix pouces de large, répr_eſentant l'adoration des Bergers, *de Pietre de Cortonne.*

Un Tableau ſur toile, de trois pieds de haut, ſur deux pieds cinq pouces de large, répr. _eſentant une Vierge avec ſon Enfant Jeſus, *de Carlo Marate.*

Un Tableau ſur toile collé ſur bois, de deux pieds quatre pouces de haut, ſur un pied dix pouces de large répreſentant un Saint Jean, *de Morillos.*

Un petit Tableau ſur bois, d'un pied de haut ſur neuf pouces de large, répreſentant un Saint Jean, *par Leonard da Vincy.*

Une petite ſainte Famille ſur cuivre d'un pied de haut, ſur neuf pouces de large, *du Corege.*

Un Tableau ſur bois, de deux pieds quatre pouces de haut, ſur un pied dix pouces de large, répreſentant un Amour qui tient une fleche, *de Corege.*

Un Tableau peint ſur bois, de deux pieds ſix pouces de haut, ſur deux pieds de large, répreſentant Saint Jeroſme, *de Leonard da Vincy.*

Deux Tableaux ovales ſur toile. de deux pieds deux pouces de haut chacun ſur un pied huit pouces de large, répreſentant les quatre Saiſons, *de Vato.*

Deux Tableaux ſur toile, de cinq pieds deux pouces de haut, ſur trois pieds ſix pouces de large chacun, l'un répreſentant un Bal, & l'autre une Danſe, *par Nancré.*

Deux Tableaux fur toile , de trois pieds dix pouces de haut , fur cinq pieds fix pouces de large , réprefentans, l'un , des Amours qui dorment , & des Femmes qui leur coupent les aifles , & l'autre des Femmes qui dorment , & des Amours qui fe vengent , *tous les deux de l'Efpagnolette de Boulogne.*

Deux Tableaux fur toile en rond , de deux pieds quatre pouce de diametre , l'un réprefente le Mercure qui a coupé la tête à Argus, & l'autre une Baccanale , *par Chaprou.*

Un Tableau fur cuivre, de onze pouces de large, fur quatorze pouces de haut , réprefentant une Vierge & fon Enfant, avec plufieurs Anges , *de Vambale.*

Deux Tableaux ovales fur toile, de deux pieds dix pouces de haut , fur deux pieds quatre pouces de large , réprefentans, l'un Diane & Paon , & l'autre Venus & un Satire, *dans le gout de Jordans de Naple.*

Deux Tableaux de même grandeur que les précédens , *peints par le même Maître ,* réprefentans , l'un un bain de Diane , & l'autre la chafte Suzanne.

Un Tableau fur toile , de trois pieds dix pouces de long, fur trois pieds de haut , réprefentant le retour de Jacob & de fa Famille , *a' Amicony.*

Un Tableau fur toile , de trois pieds dix pouces de long , fur trois pieds de haut , réprefentant les Filles de Jetro au puit , *par Amicony.*

Deux Tableaux pendans , de même grandeur , de trois pieds de haut , fur dix-neuf pouces de large , l'un réprefentant les trois Parques, & l'autre Pirafme & Tisbée , *de Carcelin de Ferare.*

Deux petits Tableaux , l'un fur cuivre, l'autre fur bois ,

de onze pouces de haut , fur neuf pouces de large , réprefen tans . l'un une Vierge avec fon Enfant & un Saint François, & l'autre une Affomption de la Vierge , *de l'Albane.*

Deux Tableaux pendans peints fur cuivre , de dix-neuf pouces de haut , fur quatorze pouces de large , l'un réprefentant Adam & Eve chaffés du Paradis terreftre, *du Cavalier Jofepin* , l'autre réprefente une fuite en Egypte , *de Carlo Maraty.*

Un Tableau fur toile, de trois pieds onze pouces de haut, fur trois pieds de large , réprefentant la reconnoiffance d'Achile , *de Francflore.*

Un Tableau fur toile , de vingt pouces de haut , fur dix-neuf pouces de large , réprefentant une Fille qui dort , *par Squedon.*

Un Tableau peint fur cuivre , d'un pied de haut , fur feize pouces de large , réprefentant le combat des Centaures , & des Lapithes , *du Cavalier Jofepin.*

Un Tableau fur toile , de dix-neuf pouces de haut , fur deux pieds moins demi-pouce , réprefentant une Venus , *de Carlo Maraty.*

Un petit Tableau peint fur bois , de onze pouces de haut, fur un pied quatre pouces de large , réprefentant Appollon qui décoche des fleches à Mercure , *par Romanelly.*

Un Tableau peint fur toile , de quatre pieds de haut , fur quatre pieds dix pouces de large , réprefentant Hercule , & Omphale avec fes compagnes , *par Paul Mathey.*

Un Tableau fur toile , de deux pieds dix pouces de haut, fur deux pieds deux pouces de large , *dans le gout du Titien ,* réprefentant un bain de Diane.

Un Groupe de marbre, réprésentant une Charité Romaine, sur son pied de marqueterie.

Deux Groupes de bronze de trois figures chacun, l'un réprésentant Vertume & Pomone ; & l'autre un Enlevement.

Un grand Tableau sur toile, de seize pieds de large ; sur huit pieds de haut, réprésentant une Assemblée des Dieux, *peint par Dauphin.*

Deux Tableaux peints sur toile, d'un pied quatre pouces de haut, sur un pied huit pouces de large ; réprésentant des Paysages avec des Figures, *par Jansens.*

Deux Tableaux sur toile, d'un pied huit pouces de haut, sur deux pieds trois pouces de large ; réprésentans des Paysages & Voyageurs, *par Theodore.*

Deux Tableaux sur cuivre, de quinze pouces de haut, sur un pied dix pouces de large ; réprésentans des Paysages avec des figures, *par Francisque Bologneze.*

Deux Tableau sur toile, de dix-huit pouces de haut, sur vingt-quatre pouces de large ; réprésentans des Paysages avec Figures, *de Philippe Napolitain.*

Deux Tableaux sur toile ceintrés par en haut, de deux pieds six pouces de haut, sur deux pieds de large ; réprésentans deux portraits d'hommes, l'un *du Carache*, & l'autre *du Titien.*

Deux Tableaux, l'un sur bois & l'autre sur toile, ceintrés par en haut, de deux pieds six pouces de haut, sur deux pieds de large ; réprésentans deux Portraits d'hommes, l'un *par Georgeon* & l'autre *par Olbens.*

Deux Tableaux sur Toile ceintrés par en haut, de

deux pieds six pouces de large , réprefentans deux Portraits de Femme , l'un *par Paulveronèze* & l'autre *par le Fety*.

Un Tableau fur toile , de deux pieds de haut moins demi pouces , réprefentant Venus & Adonis ; large de deux pieds huit pouces , *par Rubens*.

Un Tableau fur toile de trois pieds fept pouces de large , fur trois pieds trois pouces de haut , réprefentant l'Affemblée des Apôtres , *par Carlette fils de Paulveroneze*.

Deux Tableaux pendans , l'un fur toile , collé fur bois , de même grandeur de trois pieds de haut , fur vingt-fept pouces de large , & l'autre fur toile ; l'un réprefentant l'Apparition de Notre Seigneur à la Madeleine , & l'autre, une Annonciation , tous deux *par Paulveroneze*.

Deux Tableaux fur toile , de trois pieds fix pouces de haut , fur deux pieds huit pouces de large , réprefentant l'un , le Batême de Notre Seigneur , L'autre , la Madeleine aux pieds de Notre Seigneur , l'un *par Portdenom* & l'autre *par Jacques Baffan*.

Deux petits Tableaux pendants , de quinze pouces de haut , fur dix-fept pouces de large ; l'un peint fur cuivre , réprefentant une Fête de Campagne , *par Philippe Napolitain* , l'autre un Payfage fur bois , *par Banboche*.

Deux Tableaux pendants , de dix-huit pouces de haut , fur deux pieds de large ; l'un fur bois , réprefentant le Martyr de Sainte Catherine , *par Titien* ; l'autre fur toile , réprefentant la Femme adultere , *par Portdemom*.

Un grand Tableau fur toile , de cinq pieds huit pouces de haut , fur cinq pieds quatre pouces de large ; réprefentant Renaud & Armide avec des Amours , *par Vandik*.

Un grand Tableau fur toile , de huit pieds de haut ,

sur six pieds quatre pouces de large, réprésentant la Cananée dans le goût *d'Anibal Carache.*

Un Tableau sur toile, de vingt-cinq pouces de haut, sur dix-huit pouces de large, réprésentant une Sainte Catherine, *par Anibal Carache.*

Un Tableau sur toile, de vingt-quatre pouces de haut, sur trente pouces de large; réprésentant les Pellerins dEmaüs, *par Bassan.*

Un Tableau sur bois, de vingt-quatre pouces de haut, sur dix-huit pouces de large, réprésentant une Vierge & un petit Saint Jean, *par André Solario,* dans le goût de *Leonard da Vincy.*

Un Tableau sur bois, de vingt-quatre pouces de haut, sur dix-huit pouces de large; réprésentant une Vierge & son Enfant qui dort, *par Squedon.*

Un Tableau sur bois, de trente-six pouces de haut, sur vingt-quatre de large; répréséntent un Jeune Garçon qui joüe du luth, *par Pitre-Lety.*

Un Tableau peint sur toile, de trois pieds de haut, sur trente pouces de large; réprésentant une Femme qui joüe du luth; & un Homme qui tient une soûcoupe, *par Porcachin.*

Un Tableau sur bois, de trente pouces de haut, sur vingt-quatre pouces de large; réprésentant une Transfiguration, *par Federik Zuccaro.*

Deux Tableaux sur toile, de trente pouces de haut, sur trente-six de large; réprésentans l'un, la Vierge, Notre Seigneur, Saint Joseph, & une gloire d'Anges; l'autre, une Sainte Famille, *par Paul Mathey.*

Deux Tableaux pendans, de vingt-quatre pouces de

haut , fur dix-huit pouces de large ; dont l'un répresente le Samaritain ; l'autre répresente plusieurs figures avec un fond d'Architecture , *par Fety.*

Deux petits Tableaux fur bois , de dix pouces en quarré, répresentant , l'un , Dédale & Icare , l'autre Jupiter & Mercure , *par l'Albane.*

Deux petits Tableaux fur bois, de dix-neuf pouces de long , fur onze pouces de haut, répresentans l'un , Josué qui arrête le Soleil ; & l'autre , David qui coupe la tête à Golia , *par André Squiavon.*

Deux Tableaux fur toile , de vingt-sept pouces de haut , fur vingt pouces de large ; répresentans , l'un , une Procession , l'autre , un Missionaire prêchant au Peuple , dans le goût de *Theodore.*

Un Tableau fur toile , de trois pieds six pouces de haut fur deux pieds neuf pouces de large , répresentant le portrait d'un Vieillard , *par Rimbran.*

Un Tableau fur toile , ceintre par en haut , de deux pieds dix pouces de haut , fur vingt-huit pouces de large ; répresentant le Portrait d'une Vieille , *par Rimbran.*

Un Tableau fur toile , de quarante-quatre pouces de haut fur trente-trois pouces de large ; répresentant une Tête d'homme, *par Languian,* diciple de Vandik.

Un Tableau fur toile , de vingt-huit pouces de haut , fur vingt-quatre pouces de large ; répresentant un Portrait d'homme avec une toque, *par Raimbran.*

. Un Tableau peint fur cuivre, de seize pouces de haut , fur douze pouces de large , représentant une Danacée, *par Romanelle.*

Un Tableau fur toile, de vingt-cinq pouces de haut,

fur dix-neuf pouces de large , réprefentant NOLI ME TANCERE , *par Trévifati.*

Un Tableau fur toile , de dix-huit pouces de haut, fur trente-huit pouces de large ; réprefentant une Offrande que l'on préfente au Patriarche , *par André Squiavon.*

Un Tableau fur toile , de cinquante pouces de large ; fur trente-huit pouces de haut , réprefentant de l'Archi- tecture avec des Figures , *par le Romain.*

Un Tableau peint fur toile , de trois pieds fix pouces de haut , fur quatre pieds dix pouces de large ; réprefen- tant de l'Architecture avec figures , *par le Maire.*

Un Tableau fur bois de quinze pouces de haut , fur vingt pouces de large , réprefentant la Naiffance de faint Jean , *par Baffan.*

Un Tableau fur bois , de quinze pouces de haut , fur vingt pouces de large ; réprefentant un Hermite dans fa folitude , *par Salvator-Rofa.*

Un Tableau fur bois , de vingt-fix pouces de haut fur trente-fix pouces de large ; réprefentant un Païfage, *de Vanude* dans le goût de Rubens.

Deux Tableaux fur toile ceintrés par en haut , de cin- quante-quatre pouces de haut , fur quarante-deux de large, réprefentant deux portraits d'homme à demi corps ; l'un peint *par Bourdon,* & l'autre dans le goût *de Vandik.*

Deux Tableaux fur toile , de trente-quatre pouces de haut , fur quarante-deux pouces de large réprefentant l'un un Repos d'Epypte, & l'autre Notre Seigneur au Jardin des Olives , tous deux *par Carlo Maraty.*

Un Tableau fur toile , de quarante-huit pouces de haut;

fur quarante de large , répréfentant **un Officier** avec un cafque & une cuiraffe , *par Rimbran.*

Un Tableau fur bois , de cinquante-quatre pouces de haut , fur quarante pouces de large , répréfentant un portrait de femme avec des mains , *par Crayer.*

Un Tableau fur toile , de foixante-quatre pouces de haut , fur quatre-vingt quatre pouces de large , répréfentant faint Jean qui prêche dans le défert , *peint par Lalbane.*

Un Tableau fur toile , de cinquante-fix pouces de haut , fur quatre vingt-quatre de large , répréfentant l'Adoration des Rois , *par Baffan.*

Deux Tableaux fur toile , de cinquante pouces de haut , fur quarante-fix de large ; l'un répréfentant Apollon & Daphné , & l'autre Ariane , tous deux *par Amicony.*

Deux Tableaux peints fur toile , de quarante-deux pouces de haut , fur trente pouces de large , répréfentans tous deux des Converfations , dans le goût *de Van-Mole.*

Un Tableau fur toile , de foixante-douze pouces , fur foixante-huit pouces de large , répréfentant la Préparation d'un facrifice , dans le goût *de Pietre de Cortonne.*

Un Tableau fur toile , de quarante-quatre pouces de haut , fur quarante-fix pouces de large répréfentant un Payfage où il y a des Bergers auprès d'un puits , *par Goffredy.*

Un Tableau peint fur bois , de vingt pouces de haut , fur vingt-fix pouces de large , répréfentant Mars & Venus , *par Maure Rouffe.*

Un Tableau fur bois , de trente-fix pouces de haut , fur vingt-fept de large , répréfentant la Madelaine & Marie-Marthe , dans le goût *de Rubens.*

B

Un Tableau sur toile, de vingt pouces de haut, sur seize pouces de large, réprésentant une jeune fille, *par Vatto.*

Deux Tableaux sur toile, de quatre pieds de haut, sur cinq de large, réprésentans l'un Ariane & Baccus, l'autre l'Enlevement d'Europe, dans le goût *de Carlo Lotty.*

Un Tableau sur toile, de trois pieds deux pouces de haut, sur quarante-deux pouces de large, réprésentant le portrait de Vitellius, *par Paris Bourdon.*

Un Tableau sur bois, de trente pouces de haut, sur vingt-quatre de large, réprésentant un portrait d'homme avec une toque, *par Rimbran.*

Un Tableau sur bois, de quatre pieds de haut, sur trois pieds de large, réprésentant un Repos d'Egypte, dans le goût *du Baroche.*

Un Tableau sur bois, de trente-quatre pieds de haut, sur vingt-huit pouces de large, réprésentant l'adoration des Bergers, dans le goût *du Titien.*

Un Tableau sur bois de vingt-huit pouces de haut, sur trente-huit pouces de large, réprésentant l'Hiver, avec quantité de figures sur la glace, *par Stalbens.*

Un Tableau sur tolle, de vingt-deux pouces de haut, sur seize pouces de large, réprésentant une fuite en Egypte, *par Michel-Ange des Batailles.*

Un Tableau sur toile, de vingt-deux pouces de haut, sur vingt-huit pouces de large, réprésentant une fuite en Egypte, *par Valerio Castel.*

Un Tableau sur toile, de vingt-deux pouces de haut, sur trente-deux pouces de large, réprésentant une Eglise sur un Port de mer, dans le goût *de Stenuit.*

Un Tableau fur cuivre , de quatorze pouces de haut, fur dix-huit de large , répréfentant la Prédication de Saint Jean dans le défert , *par Pezares*.

Un Tableau fur toile , de feize pouces de haut, fur quaránte fix pouces de large , répréfentant un Baccanale , *par André Squiavon.*

Un Tableau fur bois , de vingt-huit pouces de haut, fur trente-huit de large, répréfentant une Sainte Famille , dans le goût *du Titien.*

Un Tableau fur cuivre , de treize pouces de haut, fur feize pouces de large , répréfentant Saint Jean qui prêche dans le défert , *par Göffredy.*

Un Tableau fur bois , de treize pouces de haut , fur dix pouces de large , répréfentant des Baigneufes , *par Gouarchin.*

Un Tableau fur ardoife , de douze pouces de haut, fur neuf pouces de large , répréfentant une Adoration des Bergers , *par Squedon.*

Un Tableau fur une pierre de Lapis , de dix pouces de haut , fur neuf pouces de large , répréfentant une Fuite en Egypte.

Un Tableau fur cuivre , de fept pouces de haut , fur dix pouces de large , répréfentan. une Amazone, dans le goût *de Romanelle.*

Un Tableau fur toile , de douze pouces de haut , fur feize pouces de large , répréfentant une danfe de Payfans.

Un Tableau fur bois , de dix-neuf pouces de haut, fur vingt ciuq pouces de large , répréfentant une Adoration des Rois , *de Valerio Caftelly.*

Un Tableau peint sur toile, de quarante-trois pouces de haut, sur cinquante-cinq de large, réprésentant une descente de Croix, *par le jeune Palau.*

Un petit Tableau sur bois, de quatorze pouces de haut, sur huit pouces de large, réprésentant Notre Seigneur en Croix avec deux Anges, *par Michel-Ange.*

Un Tableau sur toile de cinquante-sept pouces de haut, sur quarante six pouces de large, réprésentant un Paysage & Marine, *par Pitre Breugel.*

Un Tableau sur toile, de trente-six pouces de large, réprésentant la Place de Saint Marc de Venise, où il y a quantité de figures, *par Michel Ange des Batailles.*

Un Tableau sur toile, de trente-huit pouces de haut, sur vingt-neuf pouces de large, réprésentant le sujet du Veau d'or, *par Tintoret.*

Un Tableau sur toile, de trente-trois pouces de haut, sur trente-neuf pouces de large, réprésentant l'Adoration des Bergers, *par Corneille Blomart.*

Un Tableau sur toile, de trente quatre pouces de haut, sur quarante-cinq pouces de large, réprésentant une Venus avec deux Amours, *par Blanchard le Pere.*

Un Tableau sur toile, de vingt-six pouces de haut, sur trente-quatre pouces de large, réprésentant un Homme qui mange des poids, *par Annibal Carache.*

Un Tableau sur toile, de trente pouces de haut, sur vingt-quatre pouces de large, réprésentant des Buveurs & des Fumeurs, dans le goût de *Terburg.*

Un Tableau sur bois, de vingt-quatre pouces de haut, sur dix-huit pouces de large, réprésentant un Docteur ou Vieillard, dans son Cabinet.

Un Tableau fur bois de vingt-quatre pouces de haut, fur trente pouces de large, réprefentant un Payfage avec des Figures, *par Molnaer.*

Un Tableau fur bois, de feize pouces de haut, fur douze pouces de large, réprefentant une Defcente de Croix, *par Baffan.*

UnTableau peint fur toile, de feize pouces de haut, fur onze pouces de large, réprefentant une Vierge avec fon Enfant, *par la Siranye.*

Un Tableau fur toile, de feize pouces de haut, fur vingt pouces de large, réprefentant un Payfage avec la Camargo, *par Lancré.*

Un Tableau fur toile, de quinze pouces de haut, fur vingt-quatre de large, réprefentant un Hyvert *par Vanude.*

Un Tableau fur toile, de quatorze pouces de haut, fur vingt-deux pouces de large, réprefentant une Prédication de Saint Jean dans le défert, *par Jean Bapt ſte Molle.*

Un Tableau fur bois, de quinze pouces de haut, fur onze pouces de large, réprefentant un Payfage avec des Poiffons & des Oifeaux, *par Van eſſeile.*

Un Tableau peint fur bois, de dix-huit pouces de haut, fur vingt-fix pouces de large, réprefentant des Baigneufes avec de l'Architecture, *par Varege.*

Un Tableau fur cuivre, de fept pouces de haut, fur dix pouces de large, réprefentant un Bain de Diane, *par Teniere.*

Deux Tableaux pendans, de quatre pouces de haut,

sur six pouces de large, peint sur bois, réprésentans; l'un une Marine, l'autre un Paysage, tous deux *par Breugel de Velour.*

Un Tableau peint sur toile, de quarante deux pouces de long, sur vingt-neuf pouces de haut, *par Armant d'Italie.*

Deux Tableaux peints sur bois, de douze pouces de long, sur neuf pouces de haut, réprésentans des paysages, Figures, & Animaux, tous deux *par Rouland Savary.*

Un Tableau sur toile, de vingt-quatre pouces de haut, sur vingt pouces de large, réprésentant l'Aumône de Saint François, *par Jean Mielle.*

Un Tableau sur cuivre, de dix-neuf pouces de haut, sur quatorze pouces de large, réprésentant un Bain de Diane, *par Rotnamer.*

Un Tableau sur bois de vingt-deux pouces de long, sur seize de haut, réprésentant une Marine, *par Paul Peter.*

Un Tableau sur bois, de quinze pouces de haut, sur vingt-quatre de long, réprésentant une Marine & Paysage, avec Figures, *par Brugel de Velour.*

Deux Tableaux, dont un sur bois, & l'autre sur toile, de neuf pouces de haut, sur treize pouces de large, chacun réprésentans des Animaux, *par Vandevelde.*

Deux Tableaux sur bois, ovales, de quatorze pouces sur dix-huit, l'un réprésentant une Femme avec ses Enfans dans une Chambre, *par Ostade*; l'autre, un Retour de Chasse, *par Bamboche.*

Deux Tableaux de neuf pouces de haut , sur treize de large ; l'un sur cuivre , réprésentant un Paysage , *par Brugel de Velour* , où il y a une Fuite en Egypte ; l'autre sur bois , réprésentant un Paysage & Marine , avec plusieurs Figures , *par Greffier , que l'on nommoit aussi le Gentilhomme d'Utrech.*

Deux Tableaux sur cuivre , de sept pouces de long , sur neuf pouces de haut , l'un réprésentant une Marine , & l'autre un Voyage , tous deux *par Vandremer.*

Deux Tableaux de huit pouces de haut , sur onze pouces de long ; l'un sur cuivre , réprésentant le Diable qui tente Notre Seigneur au desert , *par Moyse* , dans le goût d'*Adam Elsemer* , l'autre sur bois , réprésentant un Paysage & Figures *par Stalben.*

Deux Tableaux sur bois , de sept pouces de haut , sur neuf pouces de long , l'un réprésentant un Hyver , & l'autre une Marine , *par Molnaer.*

Un Tableau sur bois , de quatorze pouces de large , sur dix-sept de haut , réprésentant une fille assise qui enfile son éguille , *par Terburq.*

Un Tableau sur bois , de quinze pouces de haut , sur vingt-quatre de long , réprésentant la Vûë du Befroy d'Amsterdam , *par Vanderels.*

Un Tableau sur toile , de vingt-trois pouces de haut , sur vingt-six de long , réprésentant un Port de mer , *par Claude Lorain.*

Un Tableau sur bois de vingt pouces de haut , sur vingt-quatre de long , représentant la Foire de Florence , *par Calot.*

Deux Tableaux sur bois , de quatorze pouces de large sur dix-sept pouces de haut ; l'un représente une fille à qui un

Medecin tâte le poulx, & l'autre réprefente Jofeph & Putiphar, *tous aeux par Miris.*

Un Tableau fur cuivre, de cinquante-quatre pouces de long, fur vingt-huit de haut, réprefentant la bataille des Amazones, *par Breugel de Velour.*

Un Tableau fur toi e, de trente deux pouces de long, fur vingt-trois de haut, réprefentant une Eglife, *par Feter-nefts dont l s figures font de Vanmole.*

Un Tableau compofé de pierres fines en Agathe, en Jafpe, & autres de dix-neuf pouces de large, fur vingt-deux pouces de haut, réprefentant un Saint Jerofine dans le defert.

Un Tableau fur bois, de trente-quatre pouces de haut, fur quarante - trois de long, réprefentant un Cabinet de curieux rempli de tableaux, *par le vieux Frank.*

Deux Tableaux fur bois, de quatorze pouces de haut, fur dix-fept pouces de large, réprefentant, l'un Tobie à qui on guérit la vüe, & l'autre Jofeph qui explique les fonges dans la Prifon, tous deux par *Rimbran.*

Deux Tableaux, 'un fur bois, & l'autre fur cuivre, de douze pouces de haut, fur quinze pouces de large, celui qui eft fur bois réprefente un Ecce Homo, préfenté au peuple, *par Roitenamer,* l'autre réprefente le martyr de Saint Laurent, *par Corneille Polembourg.*

Un Tableau fur bois, de dix-huit pouces de large, fur vingt-quatre de haut, réprefentant une Vierge & fon Enfant avec quantité d'Anges, *par Vanhouque.*

Un Tableau fur bois, de fept pouces de large, fur neuf pouces de haut, réprefentant un Albardier, peint *par Skalquen.*

Un Tableau sur toile, de six pieds & demi de large, sur neuf pieds de haut, réprésentant Belifer, *pa Lignany*.

Un Tableau sur toile, de deux pieds neuf pouces de haut, sur trois pieds neuf pouces de long, réprésentant l'éducation de l'Amour, *par Carle Vanlo*.

Quatre Tableaux sur toile, de cinquante quatre pouces de long, sur quarante-huit pouces de haut chacun, réprésentans les quatre saisons, tous les quatre *par Francisquiny*.

Un Tableau sur toile, de six pieds quatre pouces de haut, sur quatre pieds & demi de large, réprésentant une Venus couronnée par l'Amour, *par Lignany*.

Deux Tableaux ovales sur toile, de cinquante quatre pouces, sur quarante pouces, l'un réprésente un jeu d'enfans, & l'autre le temps qui tient une corbeille de fleurs, avec deux enfans, les deux *par Francisquiny*.

Un Tableau sur toile, de soixante pouces de haut, sur soixante & quinze pouces de large, réprésentant un payfage, avec des figures, *par Teniere*.

Un Tableau sur toile, de trente quatre pouces de haut, sur quarante deux de large, réprésentant un Saint Jerôme taillant une plume, *par Manfrede*.

Un Tableau peint sur toile, de trente pouces de large, sur vingt quatre pouces, réprésentant Notre Seigneur au jardin des Olives, *par Nicolas Beretony*.

Un Tableau du *Vieux Palme*, sur bois, de trois pieds tro s pouces de haut, sur quatre pieds deux pouces, réprésentant un Ex Voto.

Un Tableau de quatre pieds huit pouces de large, sur

quatre pieds deux pouces de haut, répréfentant un porte-Croix, *par Daniel de Volter.*

UN Tableau de fix pieds de haut, fur cinq pieds huit pouces de large, qui répréfente Venus & Adonis, *par Titien.*

Un Tableau fur toile, de fept pieds de haut, fur quatre pieds dix pouces de large, répréfentant un Chevalier de Malte avec un Amour & un chien, *par Titien.*

Un Tableau fur toile, de trois pieds fix pouces de haut, fur cinq pieds & demi de large, répréfentant une vandange, *du Baffan.*

Un Tableau de cinq pieds de haut, fur quatre pieds & demi de large, répréfentant un mariage de Village, *par Jacques Baffan.*

Un Tableau de trois pieds deux pouces de haut, fur deux pieds neuf pouces de large, répréfentant un portrait de femme, *de Jacques Baffan.*

Un Tableau de trois pieds fept pouces de haut fur trois pieds trois pouces de large, repréfentant l'Adoration des Bergers, *par Tintoret.*

Un Tableau d'un pied de haut fur neuf pouces de haut, repréfentant une fainte Famille, *par Annibal Carache.*

Quatre Tableaux de même grandeur, de dix pouces de haut, fur huit pouces de large chacun, repréfentant les quatre Saifons, *par Philippe Laure.*

Deux Tableaux pendans peints fur cuivre, de dix-huit pouces de large, fur douze pouces de haut chacun, répréfentant l'un le Bain de Diane, l'autre des Femmes qui fe baignent, *tous deux par Philippe Laure.*

Un Tableau peint fur toile de trois pieds de haut, fur deux pieds fept pouces, reptéfentant un Saint Pierre, *par Annibal Carache.*

Un Tableau fur toile de quatre pieds & demi de haut, fur cinq pieds huit pouces de large, repréfentant le fujet de Rébecca au puits, *par Lalbane.*

Un Tableau de deux pieds un pouce de haut, fur deux pieds fix pouces de large, repréfentant une Vierge avec l'Enfant Jefus, *par Lalbane.*

Un Tableau fur bois de quatorze pouces de haut, fur dix de large, repréfentant Venus qui fait forger les armes à Vulcain, *par Jule Romain.*

Deux Tableaux pendans, en oval, de dix pouces de haut, fur quatotze pouces de large, rép.refentans des Payfages, *de Gobe des Carache.*

Un grand Tableau de quatre pieds dix pouces de haut, fur cinq pieds huit pouces de large, réprefentant Mars & Venus, *par Nicolas Pouffin.*

Un Tableau de quatre pieds & demi de haut, fur fix pieds de large, fur toile, réprefentant Titus à la Deftruction de Jerufalem, *par Nicolas Pouffin.*

Un Tableau fur bois, de dix pouces de haut, fur quatorze pouces de large, réprefentant une Sainte Famille, *de Portdenom.*

Un Tableau fur toile, de trois pieds fix pouces de haut, fur quatre pieds neuf pouces de long, réprefentant une Charité Romaine, *par Gouarchin.*

Un Tableau de deux pieds trois pouces de haut, fur un

pied dix pouces de large, réprefentant un portrait de femme, *par Beneditte Caftillon.*

Un Tableau fur toile, de quatre pieds dix pouces de haut, fur fix pieds de large, réprefentant la Femme adultere, avec plufieurs figures, *par Paulveroneze.*

Un Tableau fur toile, de trois pieds dix pouces de haut, fur trois pouces de large, réprefentant Suzanne & les Vieillards, *par Paulveroneze.*

Un grand Tableau de huit pieds de haut, fur onze pieds deux pouces de long, peint fur toile, réprefentant la Nôce de Perfée & Andromede, *de Lucas Jordans.*

Un petit Tableau fur cuivre, de fix pouces de large, fur cinq pouces de haut, réprefentant l'Adoration des Rois, *par Bramer.*

Deux petits Payfages fur cuivre de dix pouces de large, fur huit pouces de haut, *par Adam Elzemir.*

Deux payfages pendans, de vingt-deux pouces de haut, fur vingt-huit pouces de large, *par Paulbril.*

Un Tableau fur bois, de feize pouces de haut, fur quatorze pouces de large, réprefentant un faint Jerôme, *par Chevalier Vandervef.*

Un petit Tableau fur cuivre, de fix pouces de haut, fur dix pouces de large, réprefentant un Bain de Diane, *de Rottename.*

Deux Tableaux fur bois, de trois pieds un pouce de haut, fur quatre pieds de large; l'un réprefentant le Cabinet de l'Empereur, l'autre celui de l'Archiduc Leopold, tous deux *par David Tenier.*

Un Tableau fur bois d'un pied de haut, fur neuf pouces de large, réprefentant un Vendeur de Mitridate, *par David Tenier.*

Un Tableau fur bois, de deux pieds & demi de large, fur deux pieds un pouce de haut, réprefentant le Mariage de fainte Catherine, *par Paulveroneze.*

Deux Tableaux pendans, de trois pieds de haut, fur onze pieds de large, *par Jean Miel.*

Un Tableau d'un pied neuf pouces de haut, fur dix-huit pouces de large, réprefentant un homme avec une jeune fille qui tient un Vidrecom, *par Medeffus.*

Deux petits Tableaux pendans, fur bois, de neuf pouces de large, fur cinq pouces de haut, réprefentans des Ruines, Figures, & Animaux, *par Bamboche.*

Deux Tableaux fur bois, réprefentans des Joüeurs de cartes & d'échets, d'un pied dix pouces de haut, fur onze pouces de large, *par Terburk.*

Un Tableau d'un pied dix pouces de large, fur un pied quatre pouces de haut, réprefentant un Payfage, *par Paul Brille.*

Un Tableau fur bois, de trois pieds de haut, fur deux pieds de large, réprefentant une Muficienne, dans le goût *de Rubens.*

Tous les Tableaux mentionnés dans le préfent Catalogue, font richement Embordurés, à l'exclufion d'un fort petit nombre qui ne le font pas.

De l'Imprimerie de VALLEYRE, rue faint Severin.